AF454954

MÉMOIRE

D'UN

GREFFIER DÉMISSIONNAIRE.

COMPTE SOMMAIRE RENDU A SES COMPATRIOTES

De son Exercice judiciaire et des Causes de sa Démission.

> On se plait à peindre l'orage
> au port où l'on est arrivé.

1841

St-Hypolite, 4 avril 1838.

Monsieur le Président,

J'ai l'honneur de vous adresser ci-après, copie du Mémoire que je me propose de faire imprimer ; si vous trouvez convenir m'honorer d'une réponse dans la huitaine de sa réception, il en sera ainsi que de son contenu, fait mention à la suite de cette lettre ; passé ce délai sans réponse, ce compte-rendu sera mis au jour et je me bornerai à mentionner le défaut de réponse de votre part ainsi que le bulletin de chargement.

En attendant j'ai l'honneur d'être, etc.

Signé Maillot, ancien greffier.

Copie du bulletin du bureau de la poste.

N° 65. Chargement fait au bureau des postes de Lisle-sur-le-Doubs le 5 avril 1838. Ce bulletin doit être gardé, etc., etc.

Cet envoi demeura sans réponse de la part de M. Oberty, et peu de jours après mon fils étant venu m'informer que ce magistrat l'avait fait appeler à la chambre du conseil pour l'engager à me dissuader d'exécuter mon projet de faire imprimer ; que même Mme Oberty lui avait avec beaucoup d'instance fait la même demande ; et eu égard à la position de mon fils, je crus devoir encore lui faire ce sacrifice. On verra ce qu'il a fallu pour réveiller mes souvenirs et ma susceptibilité.

MÉMOIRE

D'UN

GREFFIER DÉMISSIONNAIRE.

COMPTE SOMMAIRE RENDU A SES COMPATRIOTES

De son Exercice judiciaire et des Causes de sa Démission.

Ma sortie du Tribunal est pour moi un événement qui m'a fait trop de tort et duquel j'ai eu à ressentir et ressens encore trop durement les effets ; elle a fait dans le pays une sensation trop frappante et à mon préjudice, puisqu'avec autant de santé qu'à la fleur de l'âge on m'a vu abandonner un emploi honorable que je remplissais depuis plus de dix-huit ans avec distinction, pour que je termine ma carrière, laissant ma famille, mes parents, mes amis et le public dans le doute et l'incertitude où cette circonstance inattendue les a placés à mon égard ; je vais essayer de les mettre à même de juger si j'ai à me reprocher la cause de mes malheurs, ou si au contraire je suis victime des passions, de la haine et de l'injustice. Je ne puis, dans ce compte-rendu de ma carrière judiciaire, me dispenser de mentionner les principales circonstances de ma vie.

Né en 1779, à-peu-près au centre de cet arrondissement (Montardon), d'une famille alors notable dans le pays, j'entrai au commencement de 1787 au régiment des Gardes-Suisses ; j'y restai jusqu'au 10 août 1792. Après cette journée mémorable je me trouvai réduit à devoir m'expatrier pour sauver ma vie. J'ai passé neuf ans tant en Angleterre qu'en Amérique. Rentré en France en l'an 9 (1801), en l'an 12 (1804) je fus nommé huissier-audiencier près le tribunal de cet arrondissement, siégeant alors à St-Hypolite ; j'ai exercé ces fonctions jusqu'en 1815, époque où je me présentai pour remplir les fonctions d'avoué : reçu par la chambre, suivant délibération du 24 novembre 1815, et ainsi présenté au ministre, je fus, sur ma demande, dans le courant de mars 1816, nommé greffier du tribunal de Lure, charge que j'ai remplie jusqu'en 1834 que je fus admis à me faire remplacer par mon fils, après avoir exercé pendant dix-huit ans les fonctions de greffier en chef, dont quatorze près le tribunal de Montbéliard. (1)

Par la mort de M. Guillon, président de ce tribunal, et qui eut lieu en 1826, je perdis un ami de 25 ans ; M. Gras lui avait succédé à la présidence et était resté près le tribunal jusqu'après les Journées de Juillet qu'il fut appelé à la Cour. Je croirais manquer essentiellement aux devoirs de la reconnaissance si je négligeais de mentionner ici les bontés et les témoignages non équivoques de bienveillance dont ce magistrat a daigné m'honorer pendant tout le tems qu'il est resté près le tribunal ; de ma vie je n'en perdrai le souvenir. M. Oberty qui était procureur du roi au même siége, succéda à M. Gras.

Après les Journées de Juillet je ne dissimulai point mon opinion : soldat de la garde de Louis XVI, caserné au centre de Paris (rue Poissonnière), si quelques-uns des événemens de 89 m'avait fait frémir, j'avais assisté à la fédération

---

(1) Peu après mon installation au greffe du tribunal de Lure, M. Trahin qui avait été onze ans receveur de l'enregistrement en cette ville son pays, fut nommé greffier du tribunal de Baume, et vint me solliciter à permuter, ce qui eut lieu après dix-huit mois d'exercice : je revenais dans mon département, je me rapprochais de ma famille.

Il y avait à peine deux ans que j'étais à Baume que M. Cadot fut nommé au greffe de Montbéliard ; peu après il épousa Mlle Dufay de Baume, qui ne se plût point à Montbéliard où elle se trouvait étrangère, tandisqu'elle avait à Baume sa famille et une grande parenté : après d'assez longs pourparlers je consentis encore à permuter. Je revenais dans mon arrondissement et près de M. Guillon, président qui m'avait toujours honoré de sa bienveillance et se prêta bien volontiers à ce changement.

de 90 ; j'avais juré fidélité au premier Roi des Français ; mon opinion politique s'était formée à cette époque : on n'en change jamais. J'eus peut-être alors le tort d'être trop Français envers ceux qui ne le sont point, ou du moins qui ne le sont guère ; quoiqu'il en soit, au lieu d'avoir dans le chef actuel du tribunal ce que j'avais eu de ses deux respectables prédécesseurs dans les rapports de service et sociaux ; au lieu de trouver toujours politesse et bonté, M. Oberty, tout engoué de sa nouvelle dignité, trouvant un greffier du pays, le plus ancien serviteur du tribunal, vivant cordialement avec tous les membres du barreau, jouissant de la confiance de tout l'arrondissement, par la longue connaissance qu'on avait de son caractère et de sa conduite ; M. Oberty dis-je, semble ne rien trouver de mieux que de se ruer sur cet ancien serviteur, et par toutes sortes de vexations et d'injustices, de l'obliger, après le lui avoir prescrit sans succès, d'abandonner son emploi. Ce qui va suivre fera connaître quelles pouvaient être ses vues et combien elles lui tenaient à cœur pour le porter à compromettre sa nouvelle dignité comme il l'a fait.

Faits.

En 1831, je crus que le bon ordre du greffe, exigeait que le sieur Graizely, remplacé depuis quatre ans, et qui néanmoins avait conservé le titre de commis-greffier, s'abstint de le fréquenter : les nombreuses affaires des poids et mesures dont il était vérificateur dans l'arrondissement ; les visites continuelles qu'il recevait au greffe qu'il regardait comme devant lui servir de bureau, non seulement pour les poids et mesures, mais encore pour l'assurance générale contre l'incendie dont il était agent principal et avait un grand nombre d'assurés dans l'arrondissement, amenaient un tel concours de personnes et d'affaires étrangères à celles du greffe, qu'elles y causaient une sorte de perturbation que je crus de mon devoir de faire cesser. Je n'ignorais pas l'intimité qui existait alors entre M. le président Oberty et le sieur Graizely ; mais je déclare que ce fut sans penser plus loin et que je ne pris cette mesure que eu égard à ce que le bon ordre la prescrivait.

Le sieur Graizely me rapporta chez moi la clef du greffe en me témoignant des regrets ; mais j'eus lieu de croire cependant que nous n'en vivrions pas moins par la suite dans la même intimité dans laquelle nous avions constamment vécu depuis douze ans.

Quelques jours après le sieur Graizely vint au greffe m'engager à aller à la chambre du conseil, et je ne fus pas peu surpris d'y entendre M. Oberty me dire, que, en égard au travail que le sieur Graizely avait pu faire au greffe, je lui devais trois cents francs pour chacune des quatre années qu'il avait continué à fréquenter le greffe, depuis qu'il y avait été remplacé ; c'est-à-dire que je lui devais douze cents francs, plus une somme de cinquante francs que le sieur Graizely assurait que je lui étais redevable sur son ancien traitement, c'est-à-dire depuis plus de quatre ans et antérieurement à l'époque où nous étions formellement convenu qu'il ne recevrait plus de traitement.

Après d'autres pareilles entrevues, malgré mes observations auxquelles le sieur Graizely n'avait répondu, du moins sur le fait principal, qu'en gardant le silence ; mais persistant à soutenir que je lui étais redevable de cinquante francs. Ce fut envain que je représentai un carnet spécial sur lequel j'avais eu soin de le faire signer chaque reçu des paiements que je lui avais faits dans le tems qu'il recevait un traitement ; que d'ailleurs le sieur Graizely était notoirement trop éveillé sur ses intérêts pour avoir laissé ainsi écouler plus de quatre ans sans réclamer ce que j'avais pu lui devoir contrairement à ce qui avait eu lieu auparavant, c'est-à-dire que comme j'en justifiais, il avait alors été régulièrement payé tous les trimestres. Néanmoins peu de jours après et le trois février 1832, je reçus assignation à comparaître devant le tribunal, à cinq jours francs, pour me voir condamner à lui payer, non pas douze cent cinquante francs qu'il avait prétendu, d'après M. le président Oberty, que je lui devais, mais une somme de neuf cent cinquante francs à laquelle il voulait bien réduire sa créance, basée sur trois ans et dix mois d'un traitement de trois cents francs l'an et cinquante francs d'argent prêté depuis plus de quatre ans qu'il aurait jusqu'alors négligé de recouvrer : il est presque inutile de dire que cette réduction n'avait lieu qu'à fin de me priver de la voie d'appel. C'était en vertu d'une ordonnance d'abréviation de délai à la date dudit jour trois février 1832, mise en marge d'une requête que le sieur Graizely avait fait présenter à M. le président qui, malgré ce qui avait eu lieu devant lui, l'avait ainsi accueillie favorablement ; elle faisait tous les titres du sieur Graizely.

Cette trop déplorable affaire, ne laissa pas que de faire sensation dans le pays, et la notoriété publique ne regardait point cette cause comme étant réellement celle du sieur Graizely ; et quoique M. Oberty eut connu de cette affaire d'abord comme conciliateur, du moins j'ai pu le supposer ainsi, ensuite comme président par son ordonnance précitée, cependant à l'audience ce magistrat trouva à propos de s'abstenir de siéger.

Je n'essaierai pas de retracer ici tout ce que les débats de deux audiences que dura cette cause eurent de scandaleux ; je rappellerai seulement que malgré la présence à l'audience de cinq jeunes gens qui avaient été employés au greffe, attestant qu'ils avaient connaissance que le sieur Graizely y était sans traitement, l'on n'en persista pas moins à me réclamer la somme de mille francs à laquelle on voulait bien réduire ses prétentions.

Après les débats, M. le procureur du roi démontra le ridicule de cette affaire : le sieur Graizely fut debouté, et ce fut pour moi un tort qu'on ne m'a point encore pardonné : on verra bientôt si je puis espérer qu'on me le pardonne jamais ; au moins je n'ai pas été obligé de donner au sieur Graizely ni la somme de douze cent cinquante francs qu'il m'avait d'abord réclamée, ni celle de mille francs que je ne lui devais pas davantage.

Par la suite il m'était rapporté par les personnes de ma connaissance surtout par les notabilités de la montagne, par mes amis, par mes parents, que M. le président Oberty ne manquait aucune occasion de me diffamer, en disant entr'autres choses que j'étais incapable de continuer à exercer mes fonctions et que d'ailleurs je m'en étais rendu indigne par des concussions, et que la vacance prochaine serait le terme de mon exercice ; plus tard une personne digne de foi m'informa, que M. Couthaud, alors secrétaire à la sous-préfecture, devait me remplacer au greffe, et que le sieur Graizely (alors son ami) devait continuer à fréquenter le greffe quand il serait à Montbéliard, faire du greffe pour quelques écritures dans ses loisirs, le bureau des deux administrations qu'il servait, comme il l'avait fait pendant quatre années après son remplacement.

Plus tard encore, j'appris de M. B.... notaire, que M. Coutband, lui avait demandé le logement que j'occupais en lui annonçant que je devais le quitter.

D'un autre côté M. Oberty ne perdit plus une occasion de m'exprimer à pleine bouche son aversion pour moi, l'obsession insupportable de ma présence, et c'était surtout en public qu'il faisait, à dessein de m'humilier davantage, ressortir les sentiments secrets que j'avais eu le malheur de lui inspirer (1).

Le dix-sept même mois de mars 1832, jour de dimanche, M. Oberty m'envoya au greffe, depuis la chambre du conseil, une lettre de quatre grandes pages d'écriture serrée, commençant comme il suit :

» *Malgré que depuis douze ans que je suis dans la magistrature*, etc., etc. ; et après force injures que je ne rapporte pas ici à cause de la longueur, la quatrième page de cette lettre se termine ainsi :

» Je bornerai là des explications que je pourrais malheureusement étendre
» beaucoup; je ne vous les ai données que dans l'espoir que vous sentirez vous-
» même ce qui convient le mieux, dans un semblable état de chose, à votre in-
» térêt et à celui de votre famille que je désirerais voir avant tout à couvert;
» elles sont suffisantes suivant moi pour justifier l'opinion que je vous ai mani-

---

(1) Dans un mémoire de plainte que j'adressai dans le tems à l'autorité je disais par exemple : « A
« l'audience du 3 mars dernier, sans parler des reproches immérités qu'il m'adressa à l'entrée de l'au
« dience et devant un nombreux auditoire : on jugea une fille pour une mince introduction de sucre
« et de sel trouvée dans ses poches. Après que j'eus pris les notes nécessaires pour la rédaction de ce ju-
« gement purement de style et comme on en rend beaucoup en ce tribunal, M. Oberty m'apostropha
« de nouveau : vous feriez mieux, me dit-il avec dureté, d'écrire ce que je dis que d'écouter : vous
« devez écrire les jugements que je prononce. Je lui dis que j'étais prêt à écrire ce qu'il voudrait : alors
« il me dicta sur les rangs ce jugement, et je fus obligé de l'écrire tout au long sur le cahier des notes
« d'audience. »

« Il en fut de même dans l'affaire d'un jeune homme qui avait volé un paquet d'échalats, qui en
« convenait et qui fut condamné à trois jours de prison : je dus encore écrire ce jugement comme le
« précédent, ce qui n'arrivait jamais. »

« Après l'appel d'une troisième cause, M. Minot, substitut, ayant fait observer qu'il y avait des piè-
« ces de convictions : une montre, un sac et une chemise, ce que j'avais ignoré, n'ayant pas été in-
« formé de la fixation de cette affaire ; M. le président Oberty, quoiqu'il y eut deux huissiers d'au-
« dience, me contraignit d'aller moi-même chercher ces objets, et l'on me vit bientôt rentrer et
« devoir traverser la foule, revêtu de la robe de magistrat, chargé d'objets que le vol avait convoité
« et que je dus déposer au pied d'une assemblée dont je faisais partie. »

» festé au commencement de ma lettre ; je souhaite que vous les trouviez tel-
» les et que vous preniez une détermination en conséquence, cas auquel je
» vous prierais de m'en informer par écrit sous trois jours, passé ce délai vo-
» tre silence m'indiquera suffisamment que vous êtes disposé à soutenir devant
» l'autorité supérieure que vous pouvez et devez contre mon opinion conser-
» ver à l'avenir vos fonctions de greffier, et je me hâterai, pour mettre ma res-
» ponsabilité à couvert, de faire connaître à cette autorité le véritable état des
» choses en ce qui vous concerne, pour qu'elle puisse statuer ce qu'elle trouvera
» convenable. Recevez, etc. Le président du tribunal de Montbéliard,
» Signé Oberty. »

Cette lettre me fut remise dans un moment où j'étais accablé de travail : en partant de Montbéliard, M. le procureur du roi Besson avait emmené le commis-greffier Bourcier, pour son secrétaire au parquet de Vesoul, et je n'avais pour me seconder au greffe qu'un nouveau commis-greffier le sieur Charnaux qui avait produit des certificats, mais ne connaissant rien dans les affaires du greffe ; encore fut il bientôt découvert qu'il était affligé de surdité.

Je crus ne pouvoir me dispenser de faire part de cette lettre à ma femme et à ma fille qui composaient toute ma famille alors près de moi ; je dus admirer le courage de ma femme dans les consolations et les encouragements qu'elle me donna ; je répondis à M. le président, je crois le post lendemain, mais d'une manière évasive ; cependant j'annonçais des dispositions à traiter de ma charge, et pendant la nuit je m'occupais à rédiger un mémoire que j'adressai à la Cour avec la copie entière de la lettre de M. Oberty, et quoique dans cette lettre il m'accuse de déloyauté, de différentes concussions, et me prescrit comme on vient de le voir, d'avoir à résigner ma charge, je ne perdis point courage et m'efforçai de continuer mes fonctions.

L'autorité se fit entendre à M. Oberty qui se rendit à Besançon, où on lui présenta les plaintes du greffier. En partant, ce magistrat sans doute frappé par la dépêche de la Cour, répandit dans le public que le greffier l'avait dénoncé.

Mais ce qui faillit me déconcerter et me décourager entièrement, ce fut de voir ma femme peu après, cédant à l'affliction d'une manière effayante : née en 1784, elle se trouvait dans sa quarante-huitième année, et à cette époque où les femmes ont un si grand besoin de paix et de tranquillité ; bientôt j'eus en outre la douleur de voir la santé de ma fille, gravement défaillir : elle devint surtout affectée d'un borborygme qui nous donna les plus vives inquiétudes, et duquel elle a été bien longtemps à se rétablir. Ce nouveau malheur sembla relever le courage de sa mère, et comme j'eus bientôt quelques motifs de soupçonner qu'on m'avait caché quelques choses, pressées par mes questions, elles m'avouèrent que peu après la réception de la lettre de M. Oberty, profitant de mon absence dans la veillée que je passais au greffe, elles avaient été près de ce magistrat, afin de l'amener à des voies de conciliations ; mais que, malgré leurs supplications, malgré leurs larmes, elles n'en avaient pas moins été reçues avec toute la dureté inimaginable, et rien n'avait pu le toucher, qu'il leur avait dit : » Je suis jeune, je suis riche, je suis garçon, votre mari s'en ira ou je donnerai ma démission. »

Ma position devint des plus déplorables : l'infirmeté de ce commis-greffier compromettait trop ma responsabilité, je le lui fis connaître et l'engageai à se retirer, ce qu'il fit ; et si je n'en retrouvais pas maintenant la preuve écrite, je n'oserais dire que M. le président Oberty s'était mis en correspondance avec ce jeune homme et avait fait tous ses efforts pour le faire revenir, en même temps qu'il ne ménageait rien pour détourner le sieur Trigel que je destinais à le remplacer, refusant d'abord de l'admettre sous prétexte que le sieur Charnaux devait revenir.

Néanmoins le sieur Trigel, jeune homme notoirement assez capable, ne se rebuta point ; il était le seul sujet disponible dans le pays. Muni d'un brevet d'instituteur de seconde classe, il avait été au moins pendant deux années instituteur de la paroisse de Montbéliard, emploi qu'il avait dû quitter à cause du tort que le chant d'église faisait à sa santé ; il avait été premier clerc d'avoué ; eh bien ! suivant délibération de la chambre du conseil dont M. le président ne faisait pas partie, s'étant suspecté et conformément aux conclusions de M. Minot, substitut, ce jeune homme fut refusé par la chambre sous prétexte qu'il était bègue. Je ne sais si c'est parce que l'on craignait de ne pas obtenir ce résultat, mais cette délibération ainsi que bien d'autres me concernant furent prises par un tribunal illégal : dans la composition duquel, au mépris du réglement se trouvaient MM. Goguel oncle et neveu ; elles sont écrites tantôt par un huissier, tantôt par M. Minot lui-même et sans l'assistance de greffier, au mépris de l'article 1040 du code de procédure ; toutefois le tribunal resta sans commis-greffier, et c'est la guerre cruelle que l'on réussissait à me faire de me laisser seul pour répondre à toutes les parties du service du greffe d'un tribunal réunissant les trois juridictions, civile, criminelle et de commerce.

Mon fils aîné qui était à Paris déjà depuis sept ans se trouvait employé rédacteur à la préfecture de police ; il entendit ma plainte et accourut à mon secours ; il a payé cher son dévouement sous plus d'un rapport ; mais d'abord par les mauvais procédés, pour ne rien dire de plus, qu'il éprouva à son arrivée ; toutefois il me fut d'un grand secours.

Au mois de juillet de cette même année, j'appris de nouveau qu'il circulait dans le public que j'avais dénoncé M. le président, et le douze de ce même mois M. Minot, substitut, me remit à l'audience une lettre ouverte de M. le procureur-général conçue en ces termes :

Besançon, 10 juillet 1832.

Le procureur-général près la Cour royale de Besançon.

A M. Maillot, greffier du tribunal de Montbéliard.

» Je vous invite, monsieur, à vous rendre à Besançon le mardi seize courant, à trois heures de l'après-midi, afin de donner de vive voix à M. le premier président et à moi les éclaircissemens dont nous pourrons avoir besoin pour prononcer en connaissance de cause, sur les faits qui vous sont imputés.

» Recevez, etc. Signé M. Lerouge. »

Ainsi au lieu d'être dénonciateur comme le bruit public l'avait annoncé, je dus reconnaître que j'avais été dénoncé; seulement je ne faisais que soupçonner qui pouvaient être mes dénonciateurs.

Arrivé à Besançon je fus informé que MM Oberty et Minot auraient également à comparaître sur la plainte qu'ils avaient portée contre moi ; cette circonstance me rappela que dans l'isolement où je m'étais trouvé sans commis-greffier et lorsqu'il m'était de toute impossibilité d'expédier les affaires aussi promptement qu'à la rigueur on aurait pu l'exiger, et dans ce moment où M. Minot se trouvait seul chargé du parquet, il m'avait dit et même répété avec l'accent plus que colère, même un peu comique : *Oui, vous êtes incapable de remplir votre place, je vais l'écrire à M. le procureur-général.*

Il a fallu qu'à la fin de ma carrière judiciaire je rencontrasse ou M. Minot ou M. Oberty pour que j'aie dû recevoir un pareil compliment, et dans aucune circonstance M. Oberty ne m'en a dit autant en face ; enfin je dus croire que M. Minot m'avait tenu parole et avait exécuté sa menace.

A trois heures nous étions dans le cabinet de M. le premier président ; cette circonstance était grave : c'était le président et le substitut d'un tribunal contre le greffier seul. M. Oberty tira de sa poche le tableau des griefs énumérés dans sa lettre du 17 mars précédent auxquels il avait encore tâché d'ajouter ; mais les hauts magistrats eurent bientôt fait justice des accusations outrées et des prétentions abusives qui dès longtemps menaçaient mon existence et ma réputation ; MM. Oberty et Minot ne tardèrent pas d'entendre dire par M. le premier président : » Allez, M. Maillot, continuez tranquillement à remplir » vos fonctions; on ne vous peut rien. » Je me retirai.

Le lendemain en arrivant à Montbéliard plusieurs personnes me témoignèrent leur surprise du retour de M. Oberty : avant son départ, ce magistrat ayant annoncé que si je n'étais pas destitué il donnerait sa démission.

J'avais l'espoir que ce qui venait d'avoir lieu ramenerait M. Oberty à des dispositions paisibles et rétablirait au tribunal l'ordre scandaleusement troublé par les procédés que ce magistrat employait afin d'entraver le service, c'est-à-dire, de me ruiner et me perdre ; mais j'eus bientôt lieu d'être désabusé.

Peu après, mon fils arrivant de Besançon, remit à M. le président Oberty, une lettre par laquelle M. le conseiller Gras, l'invitait à la paix, à la concorde à mon égard ; mais le lendemain M. Oberty témoigna à mon fils tout le mécontentement qu'il éprouvait de cette lettre, et se livra au plus violent emportement, en disant : » Oui, il est inutile de me parler d'accord, c'est une » guerre à mort que je veux faire à votre père. » Ce que j'écrivis de suite à M. Gras.

Je ne puis m'empêcher de dire ici en passant que M. le président Oberty n'est pas encore arrivé à ses fins quant à moi ; mais malheureusement il n'en est pas de même pour ma femme : le soir du 26 août 1836, après que M. le curé de St-Hypolite lui eut administré les sacrements de l'église et quelques heures seulement avant qu'elle perdit connaissance, il lui demanda si elle ne conservait point de rancune, point de haine contre personne ; comme elle se trouvait absorbée par la douleur, elle répondit d'abord que non ; puis un instant après, un peu revenue à elle, elle dit : » De la haine contre quelqu'un ! » Oh non, M. le curé, je n'en conserve pour personne, pas même contre » M. Oberty, qui est la cause de ma mort. » Elle répéta une fois ce propos et tomba en agonie.

Les difficultés que j'éprouvais à faire admettre des commis-greffiers, tous les moyens qu'on employait pour détourner les jeunes gens à qui on connaissait l'intention d'entrer au greffe, m'obligèrent de faire ressource de ce que je pus me procurer afin de m'aider à tenir les affaires au courant, éviter les retards fatales et de mécontenter le public ; et dans le cours de l'été de cette même année 1832, j'avais eu pendant quelques mois pour commis-greffier un jeune homme nommé Ménard, qui, contrairement à ce qu'il avait annoncé et ce que constataient plusieurs certificats, se trouva n'avoir ni disposition ni aptitude au travail du greffe. Ce jeune homme venait de se retirer, lorsque dans la vérification mensuelle d'août des minutes du greffe, M. le procureur du roi Cordier, constata sur trois jugements correctionnels de douanes, l'omission de la transcription du texte de certains articles de loi à la suite, textes dont M. le président n'avait point donné lecture à l'audience, et dont la transcription n'était conséquemment point obligatoire dans ces jugements, rédigés d'ailleurs suivant l'usage établi comme les minutes en font foi ; c'était ce commis-greffier Ménard qui les avait écrits et formulés.

Dans les premiers jours de novembre, étant occupé dans la salle d'audience avec M. Barbier, alors vérificateur de l'enregistrement, nous entendîmes très-distinctement M. Minot, substitut, dire à mon fils dans la chambre du conseil, d'un ton colère même exclamatif : » Oui, je vais traduire votre père » en police correctionnelle, j'en ai l'ordre. »

J'ignorais encore la constatation de la prétendue contravention, et effectivement, quelques jours après je fus assigné pour le douze même mois de novembre.

A l'audience il y manqua un juge pour cette cause, il ne s'y trouva de disponible et de bonne volonté pour le remplacer que l'avoué Ramier, dernier au tableau qui passa de la barre sur les rangs; tous les suppléants, avocats et avoués présents, sous différents prétextes sortirent à l'instant, excepté encore l'avoué Caron, avant-dernier au tableau, ami intime de M. le président, qui accepta volontiers de remplir les fonctions de greffier, car c'était dans un de ces moments que je me trouvais seul, sans commis-greffier, ainsi que je l'ai été pendant environ six mois dans le cours de cette année.

Dans les diverses délibérations me concernant, qui avaient été prises à la chambre du conseil, M. Oberty avait feint de s'abstenir d'y paraître; comme il ne s'agissait que de rejeter des sujets que je présentais pour commis-greffier, de m'obliger à presenter deux ou plusieurs candidats au choix du tribunal, enfin de mesures que je m'abstiendrai de qualifier, qu'il voulait bien qu'elles eussent lieu sans lui et sans y figurer nominativement; mais alors qu'il s'agit de prononcer une condamnation à tort ou à droit, malgré ce qui avait eu lieu entre nous, malgré la notoriété publique de sa haine contre moi, il va remplir ses fonctions de président; est-ce la crainte que j'échappe à une condamnation imméritée, ou le bonheur de la prononcer qui le porte ainsi à braver toute convenance, toute pudeur, aussi bien que les règles de la jurisprudence?

Je parus à l'audience; je fis remarquer que s'il y avait omission sur ces jugements, c'était le commis-greffier Ménard qui les auraient commises, qu'ainsi je ne devais être que responsable; fait qui fut vérifié, et néanmoins j'entendis M. le président Oberty, prononcer ainsi :

» Déclare l'inculpé Maillot, greffier de ce siége, coupable de n'avoir point » inséré le texte de la loi appliquée, etc., etc. » Enfin je fus condamné à cent cinquante francs d'amende.

Malgré mon isolement au greffe, bien que je fusse surchargé de travail, indépendamment des injures que je recevais à toute rencontre de M. le président, qui pour y ajouter, m'accablait de lettres, m'accusant avec une rigueur injurieuse et sans justice dans leur objet; quelques-unes ayant rapport à des choses sans importance et en dehors du service direct, exigeant toujours une réponse ; en un mot pour me donner de l'ennui et du travail, tellement que je trouve qu'en 1833, dans une réponsive je lui disais : « J'ai vérifié les lettres que vous m'avez fait l'honneur de m'écrire ; j'ai trouvé que j'avais rempli le devoir de vous répondre (devoir que vous avez trouvé à propos de m'imposer.) Quant à vos lettres des 2, 12, 19, 23 et 26 décembre. » *(Voir la note à la fin du Mémoire.)*

J'étais, et on le concevra facilement, tellement absorbé que je n'avais pas autrement pensé à me défendre ; après cette condamnation je me pourvus auprès du ministre qui m'accorda la remise d'une partie de cette amende et je payai le reste.

Dans l'inspection des minutes du mois de septembre et *avant que je connusse la constatation de la vérification du mois d'août qu'on avait eu soin de me laisser ignorer,* le même procureur du roi Cordier, avait encore constaté la même omission de transcription de certains articles de loi à la suite de deux jugements également correctionnels de douanes, c'est-à-dire pour un fait identique au précédent, mais qui était le fait d'un scribe que j'employais au greffe faute de commis ; et vers le quinze décembre je reçus une nouvelle assignation pour l'audience du 21, pour me voir condamner correctionnellement à cent francs d'amende.

Pour cette fois, un peu revenu de ma stupeur, je pensais à me défendre ; j'avais réfléchi que l'on s'était conformé exactement au modèle remis au greffe par M. le président pour la rédaction de ces jugements, basant toutes les condamnations en matière de douanes (à de rares exceptions près, exceptions dans aucune desquelles les jugements reprochés ne se trouvent) sur l'article 41 de la loi d'avril 1816, le seul duquel il donnait lecture à l'audience, modèle que ce magistrat s'était empressé de retirer du greffe, (mais qui n'avait été rendu que sur une demande écrite) après le jugement du 12 novembre.

J'avais réfléchi que M. le président Oberty après m'avoir arbitrairement prescrit par écrit dans sa lettre du 17 mars d'avoir à résigner mes fonctions, après avoir très bien senti qu'il ne devait point rester juge de ce qui me concernait, puisqu'il s'était suspecté dans les différentes délibérations de la chambre du conseil, notamment dans celles des 24 mai, 4 et 10 juillet précédent, et même dans celle du 2 même mois de novembre qui rejetait la présentation de mon fils comme commis-greffier.

J'avais réfléchi qu'après m'avoir dénoncé à la Cour, après avoir dû, pour se justifier lui-même sur mes défenses, dans lesquelles j'avais fait valoir ses vexations, ses abus de pouvoir et l'injustice de ses accusations fausses et outrageantes pour un ancien serviteur, ce magistrat avait dû, dis-je, comparaître à la Cour moins de quatre mois auparavant, où comme je l'ai dit il avait persisté à m'accuser, il n'en avait pas moins présidé le tribunal dans ces jugements des 12 novembre et 21 décembre, sans doute dans la crainte qu'en se retirant et par l'effet de son absence il n'intervint ce qui aurait dû intervenir comme on va bientôt le voir des jugements d'acquittement au lieu de jugement de condamnation.

Dailleurs j'avais vu l'indignation qu'avait éprouvée toutes les personnes qui avaient été à même de suivre M. le président Oberty à mon égard et qui avaient vu dans sa conduite en restant juge dans ces deux procès des actes de vengeance, puisqu'il était de toute notoriété qu'il était mon ennemi juré, qu'il y avait entre nous inimitié capitale et que l'article 380 du code de procédure lui prescrivait de ne siéger en pareil cas, toutefois qu'il le pût, qu'après l'avoir déclaré à la chambre du conseil et pris l'avis du tribunal ; ce qui certes n'avait pas eu lieu, puisqu'on a vu l'avoué Ramier, pour compléter le tribunal, passer directement de la barre sur les rangs : enfin je me rendis appelant de ce dernier jugement, et par arrêt du 20 mars 1833 le jugement du tribunal fut réformé et je fus renvoyé absout. (1).

---

(1) Le 20 juin 1837, à vue d'une missive que j'avais adressée à un Français habitant la Nouvelle-Orléans, et par laquelle je lui demandais expédition dans certains actes, dans le cas où ils auraient existé ; M. le président Oberty liquida d'abord à 420 francs la valeur de quatre expéditions que l'on supposait avoir été envoyées, et permit, conformément aux articles 558 et 559 du code de procédure, la saisie-arrêt sur moi pour cette somme, entre les mains de mon fils, greffier du siége, mesure dure, exceptionnelle et de rigueur, qui prive du premier degré de juridiction et ne s'accorde qu'à l'égard de personnes dont la solvabilité est douteuse.

J'avais fait connaître à mon avoué que je tenais des lettres établissant que le demandeur avait quitté la France sans esprit de retour, et ayant acquis des propriétés à la Nouvelle-Orléans, il était passible du *judicatum solvi*, conformément à l'article 18 du code civil, de le proposer au tribunal lors du classement de la cause, et par lettre du 20 juillet suivant l'avoué m'écrit :

» Le tribunal a statué hier sur votre demande de caution à Seguin, et l'a rejetée parce qu'il n'é-

Le 29 avril suivant, je reçus le matin au greffe une lettre par laquelle M. le président Oberty, m'annonçant une détermination à prendre au sujet de la rédaction et de la confection des minutes, du moins autant que je puis me le rappeler, car cette lettre avec ses résultats fut envoyée à la Cour le même jour.

A dix heures, à l'entrée de l'audience, M. le président me fit appeler à la chambre du conseil où il s'y passa une scène que je laisserai à qualifier, et voici comme commence le compte que je crus devoir en adresser le jour même au ministre :

» Aujourd'hui, M. Oberty, dans l'espoir de plus de succès à me perdre,
» s'adresse directement à V. E., et pour y parvenir, il ne craint pas, lui
» magistrat, de tromper le chef de la justice par des allégations dont l'inexac-
» titude va devenir manifeste; voici ce qui vient de se passer aujourd'hui
» avant l'audience :

» A dix heures du matin, il me demande à la chambre du conseil, je l'y
» trouve avec MM. les juges. M. le procureur du roi arrive; M. le président
» me remet la lettre de V. E. du 17 de ce mois : je lis avec douleur. M. le
» président Oberty me somme alors avec colère d'écrire sur cette lettre même
» ma réponse; je demande quelques minutes de réflexion, elles me sont re-
» fusées, et M. le président s'avance aussitôt vers la porte et la ferme à clef;
» puis revenant à moi, il me déclare que je ne sortirai pas sans avoir donné
» la satisfaction écrite qu'il exigeait. Je déclarai alors qu'ayant toute ma vie

---

» tait pas prouvé que Seguin fut parti sans esprit de retour; j'avais demandé la remise de la cause
» afin de produire les lettres de Seguin qui le justifiaient; mais on n'a point voulu me l'accorder. »

C'est M. le président Oberty qui présidait le tribunal à ce classement, et qui a pu encore, comme déja il l'avait fait, prononcer contre moi une condamnation aux dépens.

Depuis trois ans j'avais vécu retiré à St-Hypolite sans jamais avoir laissé échapper une plainte.

Dès lors j'ai été informé que la prétendue créance ci-dessus était devenue pour *bien peu de chose, la propriété d'un huissier* qui l'avait fait valoir à ses risques et périls et *a complètement réussi, car il en a touché le montant intégral.*

Les membres d'un corps, le corps même qui a une mauvaise tête, sont toujours dangereux, et ne peuvent jamais guère faire que du mal.

» joui de ma liberté, je n'écrirai rien sous les verroux, et je demandai acte à » M. le procureur du roi de la situation étrange où l'on me réduisait M. le » procureur du roi Gravier fit alors observer à M. le président que je devais » être libre. Je demandai l'autorisation de prendre copie de la lettre de V. E. » afin de la méditer et de fournir une réponse plus mûre le même jour; M. » Oberty refusa, et ne me permit de la copier qu'à la condition de lui donner » immédiatement après la réponse écrite qu'il voulait de moi.

» A peine eus-je terminé cette copie que M. le président Oberty me l'arracha des mains et me prescrivit de nouveau ma réponse; je la fis comme » il suit, dans le trouble qui m'agitait et sur la lettre même de V. E....

» Je ferai tous mes efforts pour remplir mes devoirs et rien ne me coûtera » pour y parvenir; mais quant à rédiger tous les jugements sur la prononciation fugitive de l'audience, je reconnais qu'il m'est impossible de le faire.

» La présente réponse donnée et signée à l'instant même de la présentation » de cette lettre, sans permettre que je l'aie à part moi un seul instant et sur » l'ordre impérieux de M. le président qui a même fermé à clef la porte à cet » effet. Je signai, après quoi on est entré à l'audience. »

Je ne sais si M. le président Oberty trouva ma réponse satisfaisante, mais je n'en ai plus entendu parler.

Le même jour 29 avril, en rendant compte à M. le premier président de la Cour royale, de cette circonstance, ma lettre commençait ainsi :

» La religion de M. le garde-des-sceaux vient d'être surprise par M. » Oberty :

» Ce magistrat s'est adressé directement à S. E. et lui a dit que j'exigeais » de lui depuis deux ans les jugements tout rédigés, afin que je les transcrivisse à loisir sur mes feuilles d'audience, et que je lui refusais assistance pour » les jugements et actes.

» A une pareille assertion le ministre a vu le greffier maîtriser le président » et lui imposer sa volonté même pour une chose illégale etc., etc. »

Dans les dernières années de mon exercice, il y a eu au tribunal plusieurs dénégations d'écritures, lesquelles ont donné lieu à des expertises; M. le président Oberty a je crois toujours été nommé commissaire, et toutes les fois que le sieur Graizely était nommé expert attramentaire, ce qui avait presque toujours lieu, M. le président exigeait, au mépris des dispositions formelles de l'article 203 du code de procédure, que le greffier porta les pièces à la chambre du conseil; les experts y commençaient leur vérification, ensuite M. le commissaire ordonnait que l'opération fut continuée devant le greffier, mais à la chambre du conseil; ainsi tout le tems des opérations, et pendant huit, dix ou douze séances le greffier se trouvait des cinq ou six jours aux ordres des experts dirigés par le sieur Graizely, à devoir leur porter les pièces, à perdre un tems précieux tout le tems que duraient ces nombreuses vacations, donnant lieu à trop de distraction pour que le greffier pût se livrer en cette chambre du conseil à aucun travail sérieux. Par cette mesure illégale qui n'avait point lieu avant que le sieur Graizely fut dans le cas d'être nommé expert attramentaire, j'étais détourné de mon travail, et dans l'isolement où je me suis trouvé, j'étais entravé dans l'expédition des affaires, exposé à me trouver en défaut; M. Oberty le voulait ainsi. Quant au sieur Graizely il est facile de concevoir qu'il ne pouvait se trouver que fort mal à son aise en ma présence au greffe: lequel avait-il le plus à cœur ou de ne pas avoir obtenu les douze cent cinquante francs qu'il avait osé réclamer ou la.... le regret de les avoir demandés?

Enfin me trouvant dégoûté par tant de vexations, une erreur de plume qu'il m'arriva de commettre à l'audience en portant une enchère de cinquante francs à cinq cents francs, erreur qui fut reconnue et qui pût être réparée, cette circonstance me porta néanmoins à penser à me retirer. Eh bien! je vais trouver ici M. Oberty prêt à tout braver afin de me retenir sous son autorité, soit parce que je ne présentais pas une personne de son choix pour me remplacer, soit qu'il ne fut pas encore satisfait de tout ce qu'il m'avait fait éprouver; quoiqu'il en soit je présentai mon fils pour me succéder, et ici M. le président Oberty se rend encore coupable d'un abus de pouvoir afin de me faire échouer: lorsque le tribunal se trouva réuni pour délibérer sur cette présentation à laquelle ce magistrat annonçait l'intention de vouloir prendre part, il envoya à mon fils qui se trouvait au greffe, un billet par lequel il l'invita à se présenter pour être interrogé et répondre aux questions qui lui seraient adressées ; mon fils se présenta à l'instant, mais pour protester et démontrer à M. le président qu'il allait au-delà de ses pouvoirs, et que le tribunal n'avait aucun droit de lui faire subir un examen : après quoi M. le président, s'étant retiré, le tribunal prit une délibération par laquelle il reconnût à l'unanimité que mon fils avait la capacité, et à la majorité seulement la moralité voulue. Cette occurence nous laissait dans la pénible incertitude de ne savoir si nous pourrions parvenir à nos fins.

Heureusement une bouche respectable averti M. le président que faute par lui de consentir à mon remplacement, on allait consulter le ministre ; ce magistrat sentit ce qu'exprimait un tel avertissement ; cependant fort de la considération que lui confère la qualité de président il demande encore un délai de trois mois pour réfléchir, délai qui lui fut accordé ; aussi ces trois mois écoulés, ce fils qui dans un tems où je me trouvais seul pour toutes les parties du service, ce fils que j'avais présenté pour commis-greffier et qui avait été refusé en décembre 1833, qui en mars suivant est reconnu n'avoir la moralité qu'à la simple majorité ; eh bien ! enfin par délibération je crois du mois de juin 1834, il est reconnu avoir la moralité et la capacité voulues, et en août suivant il est installé à la place de son père.

Avant de terminer je ne crois pas sortir de mon sujet en faisant connaître qu'à l'audience de police correctionnelle du 20 juillet dernier, je demandais justice d'une diffamation ; et à l'audience du 27 même mois, après l'audition de nouveaux témoins, le tribunal, sur le fondement de l'article cinq de la loi des justices de paix de 1838, et contrairement à ses dispositions formelles, se déclara incompétent ; mais la Cour royale, par arrêt du 25 août suivant, fit encore justice de cette décision, en condamnant mon diffamateur à l'amende, à l'emprisonnement, à l'affiche de l'arrêt, etc., etc.

Ce fut à cette audience du 27 juillet que je dus encore remarquer que ni le temps écoulé, ni ma retraite, ni la révocation de mon fils n'avaient point changé les dispositions de M. le président Oberty à mon égard : car assis hors des rangs, ce magistrat annonça au tribunal, assez haut pour que l'auditoire l'entendit, que je n'avais pas le droit de porter ma décoration (*de la Fidélité*), par le ruban seulement; et le ministère public frappé par des insinuations dont il ne pouvait supposer la fausseté et la perfidie, après avoir requis mon interrogatoire qui eu lieu par le tribunal séance tenante; après avoir eu en communication et mon brevet et ma correspondance avec le grand chancelier de la Légion d'Honneur; après s'être assuré postérieurement et par lettre de la grande chancellerie que le tout était sincère, me fit néanmoins assigner en police correctionnelle; mais pour cette fois le tribunal m'a cependant rendu justice, j'ai été renvoyé absout par jugement du 21 août.

Conclusions.

On ne sera donc pas surpris de m'avoir entendu au commencement de ce Mémoire parler de mes malheurs; j'en ai dû taire de bien cuisants dont d'autres ont été et sont encore victimes. Si ma santé a pu se soutenir, celle de ma fille en a été gravement altérée; ma femme fortement constituée et robuste, est succombée prématurément, et comme elle l'a toujours dit et l'a exprimé à sa dernière heure, des suites du bouleversement que lui a causé la conduite de M. Oberty à mon égard : mon fils avait une belle carrière ouverte devant lui; il pouvait par son instruction et sa conduite, parvenir à un emploi élevé, au lieu qu'il a cru devoir sacrifier et a en effet sacrifié son avenir pour secourir sa famille. (1)

Maintenant le public jugera en connaissance de cause si ce sont les concussions dont je me suis rendu coupable, mon incapacité et mon incurie qui

(1) En me succédant au greffe, mon fils qui avait toujours eu beaucoup de dispositions à s'instruire, prenait un état tout-à-fait en dehors de ses goûts : aussi l'exercice de ses nouvelles fonctions en grande partie de style et de routine, l'assiduité qu'elles comportent, lui attirèrent bientôt une hypocondrie qui l'a conduit à sa révocation après environ cinq ans d'exercice.

m'ont fait quitter mes fonctions à une époque où je pouvais évidemment encore les remplir, ou si au contraire je n'y ai pas été contraint par la haine et l'injustice, peut-être excitées par la confiance et la considération dont je jouissais dans le pays.

MAILLOT,

Ancien Greffier.

Note à la page 15.

Ma lettre du 23 décembre s'exprimait ainsi :

» Mon intention était de répondre aux lettres que vous m'avez fait l'honneur de m'écrire : mes oc- » cupations sans termes m'ont privé de le faire jusqu'à ce jour, et je n'hésitai pas, hier cependant, » à vous écrire sans relater ces lettres, dans la persuasion que les affaires de service n'auraient pas à » vos yeux la seconde place, après un accusé de réception que je crois rien ne rendait urgent dans la » même maison Vous pensez autrement, M. le président, je me soumets et à vue de la vôtre d'hier, » j'ai l'honneur de vous informer que j'ai reçu celles que vous avez bien voulu m'adresser les 21 août » dernier, 2, 12, 19 et 22 du courant.

» Il en est une, M. le président, que je me permettrai d'examiner ici dans ses spécialités ainsi que » j'en conçus le dessein au moment de sa remise en mes mains : c'est celle du 2 décembre présent » mois.

» 1° Si quelquefois la transcription des jugements minutes a été retardée, vous ne sauriez, M le » président, m'en adresser un reproche fondé : mon isolement depuis six mois par la privation pres- » qu'absolue d'un commis assermenté, m'ayant obligé de me livrer à toutes les parties du service, etc. » 2° etc. 3° etc. 4° etc. etc.

» 5° Enfin, M. le président, permettez-moi de remonter au premier article de votre lettre, et de » vous avouer mes difficultés à me persuader que d'après vos dispositions à mon égard, d'après les » circonstances passées et présentes, la sollicitude que vous manifestez par écrit dans cette même » lettre, soit bien réellement comportée par la circonscription de votre emploi, et que votre respon- » sabilité pourrait en temps et lieu, souffrir de votre silence. En effet, Monsieur, un président qui » tout récemment a prétendu forcer le greffier du tribunal dont il est le premier magistrat, à quitter » ses fonctions sur des imputations proportionnées à cette injonction, et qui avant de comparaître de- » vant les chefs de la Cour du ressort qui l'avait mandé pour justifier ses prétentions en présence du » greffier appelé lui-même, avait annoncé maintes fois et assez publiquement, que faisant une af- » faire d'honneur de son entreprise, et mettant la place du greffier son subordonné au prix et au ni- » veau de la sienne, il donnerait sa démission si le greffier devait, sur le vœu de l'autorité, rentrer » dans l'exercice ordinaire de son emploi ; ce président est-il aujourd'hui convenablement fondé, après » avoir repris en même temps que le greffier, le cours de ses fonctions, sans toutefois dépouiller ses » ressentimens, à recommencer une surveillance offensive, incertaine dans ses bases, silencieuse » des irrégularités réelles et des imputations infiniment plus légères qu'autrefois, et de beaucoup in- » férieures à celles qui naguères l'avaient porté à s'assimiler publiquement au greffier dans la lutte où » il n'a pas obtenu le succès qui devait, sur sa parole, décider son triomphe ou sa démission ? etc., etc. »

Ce fut en réponse à cette lettre de ma part, que M. Oberty me répondant lui-même une fort longue lettre, y adjoignit copie de celle-ci, après qu'il l'avait sollicitée de M. le premier président, évidemment dans le but de pouvoir reprendre ses fonctions sans contradiction avec ses engagements publics : je ne crains pas de dire sollicitée, car elle ne pouvait que l'être dans le but ci-dessus, puisqu'il quittait les deux premiers magistrats de la Cour qui l'avaient mandé pour des explications qui avaient eu lieu et qui ne devaient plus rien laisser à lui écrire.

« Besançon, 1er août 1832.

» M. le président, les explications que vous m'avez données sur vos rapports avec M. Maillot, et sur
» les mesures que vous vous proposez de prendre, m'ont convaincu, ainsi que M. le procureur-général,
» que vos intentions étaient droites; que vous n'avez eu d'autre but que le bien du service, que
» même vous avez fait cesser quelques abus préjudiciables au public; je ne puis dès-lors que vous
» engager à continuer d'exercer la plus exacte surveillance, et si des abus ou des négligences répré-
» hensibles avaient encore lieu, et que le greffier ne déférât pas à l'instant à vos invitations, vous
» en dresserez procès-verbal que vous m'adresserez. Recevez, etc. Signé Alvizet. »

Pour rentrer dans sa résidence judiciaire et y reprendre l'exercice de ses fonctions, M. Oberty avait besoin d'un brevet d'immunité : M. le premier président avait daigné le lui accorder.

Quelques abus réformés sont reconnus dans le texte ci-dessus ; mais j'affirme que ceux dont il s'agit et qui avaient pu m'échapper, ne dataient point de mon exercice ; que moi-même spontanément et au sacrifice de mon intérêt, j'en ai réformé plus que lui ; que si comme lui, j'avais pris soin d'en préparer un tableau pour le produire et en prendre certificat, le témoignage énumératif du premier magistrat de la Cour ne se serait pas borné *à quelques abus préjudiciables au public.*

BELFORT, Imprimerie et Lithographie de JOSEPH CLERC.

www.ingramcontent.com/pod-product-compliance
Ingram Content Group UK Ltd.
Pitfield, Milton Keynes, MK11 3LW, UK
UKHW021042260726
13994UKWH00005B/2312

9 782329 370965